# BEI GRIN MACHT SICH IHR
# WISSEN BEZAHLT

- Wir veröffentlichen Ihre Hausarbeit,
  Bachelor- und Masterarbeit

- Ihr eigenes eBook und Buch -
  weltweit in allen wichtigen Shops

- Verdienen Sie an jedem Verkauf

## Jetzt bei www.GRIN.com hochladen
## und kostenlos publizieren

**Bibliografische Information der Deutschen Nationalbibliothek:**

Die Deutsche Bibliothek verzeichnet diese Publikation in der Deutschen National-
bibliografie; detaillierte bibliografische Daten sind im Internet über http://dnb.d-
nb.de/ abrufbar.

**Impressum:**

Copyright © 2016 GRIN Verlag
Druck und Bindung: Books on Demand GmbH, Norderstedt Germany
ISBN: 9783668432710

**Dieses Buch bei GRIN:**

https://www.grin.com/document/357271

Alexander Yegudin

# Ausdauertraining bei arterieller Hypertonie. Diagnose, Ziele, Trainingsplanung und Effekte

GRIN Verlag

Deutsche Hochschule für

Prävention und Gesundheitsmanagement

Hermann Neuberger Sportschule 3

66123 Saarbrücken

# Einsendeaufgabe

| | |
|---|---|
| **Fachmodul:** | Trainingslehre II |
| **Studiengang:** | Fitnessökonomie |
| **Datum**<br>**Präsenzphase:** | 12.12.2016 – 14.12.2016 |
| **Name, Vorname:** | Yegudin, Alexander |
| **Semester:** | **WS 15** |

# Inhaltsverzeichnis

# 1 Diagnose

Für eine optimale Trainingssteuerung ist eine Diagnose erforderlich. Hierbei werden mit einem Eingangsgespräch alle notwendigen Daten gesammelt, sowie Gesundheitszustand, Zeitbudget und Trainingsmotive festgestellt, um so den aktuellen Ist-Zustand der Person zu ermitteln. Mit Hilfe einer strukturierten Trainingssteuerung wird ein Soll-Zustand angestrebt. Aufgenommen werden sowohl Allgemeine als auch biometrische Daten.

## 1.1 Allgemeine und biometrische Daten

Tab. 1. Allgemeine und biometrische Daten einer Person

| Daten zur Person | Datenwerte |
|---|---|
| Alter | 35 Jahre |
| Geschlecht | Männlich |
| Körpergröße | 185 cm |
| Körpergewicht | 85 kg |
| BMI | 24,83 % |
| Körperfettanteil | 19 % |
| Trainingsmotive | - Körperfett reduzieren |
| | - Ruhepuls senken |
| | - Ausdauerleistung verbessern |
| berufliche Tätigkeit | Bankangestellter |
| frühere sportliche Aktivitäten | - Fahrrad fahren |
| | - Im Verein vor 6 Jahren Fussball gespielt |
| aktuelle sportliche Aktivitäten | - gelegentlich joggen |
| | - Hobbymäßig Fussball spielen (1x pro Woche) |
| zeitliche Verfügbarkeit | Dreimal pro Woche je 90 Minuten |
| Blutdruck | 122/75 mmHg |
| Ruhepuls | 64 Schläge pro Minute |
| allgemeiner Gesundheitszustand | Leichte Rückenschmerzen in LWS-Bereich, keine orthopädischen und internistischen Probleme |

Der BMI-Anteil liegt beim Probanden bei 24,83 % ist also noch im Normalbereich, aber steht kurz vor dem Übergewicht. Am besten BMI zwischen 18,5 und 23 % zu halten. Nach Luppa (2016, S. 32 ) liegt der wünschenswerter Körperfettanteil bei Männern bis 35 Jahre zwischen 10 – 19,9 %. Der Körperfettanteil bei dem Probanden liegt bei 19 %, also schon grenzwertig.

3

Tab. 2. Klassifizierung des Body-Mass-Index (BMI) (World Health Organization, 2000)

| Klasse | BMI (kg/m²) |
|--------|-------------|
| Untergewicht | < 18,5 > |
| Normalgewicht | 18,5 – 24,9 |
| Übergewicht | 25,0 – 29,9 |
| Adipositas Grad I | 30,0 – 34,9 |
| Adipositas Grad II | 35,0 – 39,9 |
| Adipositas Grad III | > 40,0 |

Der Blutdruck wurde mit Hilfe eines elektrischen Messgeräts währen der Anamnese erfasst. Die Messung erfolgte an der Innenseite des rechten Handgelenks. ein normaler Blutdruckwert sollte unter 130 mmHg systolisch und unter 85 mmHg diastolisch liegen (Croci, 2016). Der somit bei der Person ermittelter systolische Druck von 122 mmHg und der diastolische Druck von 75 mmHg, liegen im guten Bereich. Der Ruhepuls wurde vom Kunden selber morgens an drei aufeinanderliegenden Tagen nach dem Aufwachen gemessen. Der Ruhepuls von dem Probanden beträgt 64 S/min und liegt damit im Durchschnittsbereich und lässt damit eine durchschnittliche Leistungsfähigkeit des Herz-Kreislauf-Systems schließen. Nach Weineck (2003, S. 50) ist ein Ruhepuls von 60-80 S/min normal. Bei gut trainierten Sportlern ist der Ruhepuls zwischen 50 – 60 S/min. Bei den Leistungssportlern liegt der Ruhepuls unter 50 S/min.

Tab. 3. Blutdruckklassifikation der American Heart Association (modifiziert nach Mancia et al., 2013, Guidelines for the management of arterial hypertension. S. 1286)

| Bewertungsstufen | systolischer Blutdruck | diastolischer Blutdruck |
|------------------|------------------------|-------------------------|
| Normblutdruck (Normotonie) | | |
| Optimal | unter 120 mmHg | unter 80 mmHg |
| Normal | unter 130 mmHg | unter 85 mmHg |
| Hochnormal | 130-139 mmHg | 85-89 mmHg |
| Bluthochdruck (arterielle Hypertonie) | | |
| Stufe 1 | 140 – 159 mmHg | 90-99 mmHg |
| Stufe 2 | 160-179 mmHg | 100-109 mmHg |
| Stufe 3 | > 180 mmHg | > 110 mmHg |

Tab. 4. Allgemeiner Gesundheitszustand der Person

| Orthopädische / Internistische Probleme | Keine |
|-----------------------------------------|-------|
| Medikamenteneinnahme | Keine |

4

| Ärztliche Behandlung | Keine |
|---|---|
| Sonstige Einschränkungen | Keine |
| Belastbarkeit / Trainierbarkeit der Person | Einsteiger |

Die Person hat gar keine Beschwerden und ist gesundheitlich in einem guten Zustand. Bei der Person liegen keine weiteren Erkrankungen vor, außer leichten Schmerzen im unteren Rücken, die auf eine schwache Muskulatur in LWS-Bereich zurückzuführen ist. Bei der Person besteht keine Einschränkung in der Trainierbarkeit, eine Medikamenteneinnahme liegt nicht vor.

## 1.2 Leistungsdiagnostik/Ausdauertestung

Für das bevorstehende Ausdauertest gilt es nun einen geeigneten Test auszuwählen. Eine Option ist der WHO-Test, der aber für untrainierte, ältere und übergewichtige Personen gedacht ist (Eifler & Kettenis, 2016, S. 70). Eine andere Option ist der H & V Test, der für normal, bis gut trainierte Personen geeignet ist. Des Weiteren besteht auch die Möglichkeit, einen Vita-Maxima-Test durchzuführen. Dieser eignet sich für Leistungssportler, welche bereit sind, an ihre körperlichen Grenzen zu gehen. Für den Probanden ist diese Methode derzeit jedoch ungeeignet.

### 1.2.1 Begründung Testauswahl

Unter Betrachtung und Auswertung der biometrischen Daten ist der H & V Test als submaximale Belastung eines Ausdauertests auf dem Fahrradergometer für den Probanden am besten geeignet. Die Person ist 35 Jahre alt hat KFA von 19 %, Ruhepuls liegt bei 64 S/min und Blutdruck 125/85 und ist in einer guten Körperlichen Verfassung. Der Proband verfügt über eine mittelmäßige bis gute körperliche Belastbarkeit aufgrund 15-jähriger Erfahrung im Fussballbereich, da er aber keine Zeit mehr hatte an dem Training teilzunehmen, hat er vor sechs Jahren Fussball spielen aufgegeben. Einmal die Woche spielt er dennoch Hobbymäßig Fussball und geht gelegentlich joggen. Deswegen wird eine Belastbarkeit von 150 Watt dem Probanden zugetraut. Da der Proband kein richtiger Ausdauersportler ist, wird ein Maximaltest ihn stark überlasten. Auch der WHO-Test kommt hier nicht in Frage, da es nur für untrainierte, ältere und übergewichtige Personen gedacht ist.

## 1.2.2 Der Hollmann-Venrath-Test

Die Eingangsstufe liegt bei 30 Watt und wird alle drei Minuten um jeweils 40 Watt erhöht. Dazu wird nach jeder Minute die Herzfrequenz gemessen und in ein Protokoll eingetragen. Wattleistung wird solange erhöht, bis der Proband die definierte Pulsobergrenze erreicht hat. Nach Rost wird die Pulsobergrenze 180 – LA berechnet (2002, S. 57). Dazu wird ein Zuschlag von 5 S/min dazugerechnet, da der Proband 3-mal pro Woche je 40 Minuten ein Ausdauertraining betreibt (Eifler & Kettenis, 2016, S. 74). Die Belastbarkeit von 150 Watt wird beim Probanden vorausgesetzt. Der H & V Test wird auf einem Fahrradergometer in einer submaximalen Belastung durchgeführt, also eine Überbelastung wird dadurch ausgeschlossen und gilt als koordinativ anspruchslos (Eifler & Kettenis, 2016, S. 73). Die Umdrehungszahl pro Minute liegt bei 60 bis 80 und die Zielherzfrequenz wird nach der IPN-Methode berechnet (Eifler & Kettenis, 2016, S. 73). Die Normwerte existieren als Bezugssystem zum interindividuellen Leistungsvergleich in Form einer relativen Watt-Soll-Leistung für Männer und Frauen (Eifler & Kettenis, 2016, S. 76 - 77).

Tab. 5. Testprotokoll des H & V Test

| Testdatum: | 16.12.2016 | Testform: submaximale Belastung (H & V Test) | | |
|---|---|---|---|---|
| Alter: | 35 Jahre/M | Stufendauer: | | 3 min |
| Geschlecht: | Männlich | Eingangsbelastung: | | 30 Watt |
| Gewicht: | 85 kg | Belastungssteigerung: | | 40 Watt |
| Ruhepuls: | 64 S/min | Trittfrequenz: | | ca. 60 – 80 U/min |
| Blutdruck: | 125/85 mmHg | Abbruchsgrenze: 150 S/min (180 – LA + 5 S/min) | | |
| **Zeit in min.** | **Watt** | **Hf1 in S/min** | **Hf2 in S/min** | **Hf3 in S/min** |
| 0 – 3 | 30 | 83 | 86 | 88 |
| 4 – 6 | 70 | 91 | 95 | 99 |
| 7 – 9 | 100 | 102 | 108 | 114 |
| 10 – 12 | 130 | 117 | 119 | 128 |
| 13 - 15 | 160 | 133 | 136 | 142 |
| 16 - 18 | 190 | 145 | 149 | 153 |
| **Watt gesamt:** 190 | **Watt/kg:** 190 Watt: 85 kg = 2,23 Watt/kg | | | **Bewertung:** Ø |

## 1.2.3 Testergebnis

Der Proband musste den Fahrradergometertest nach Hollmann/Venrath nach 18 Minuten beenden, da er die Zielherzfrequenz von 150 S/min erreicht hat. Der Proband hat sechs Belastungsstufen vollständig durchfahren. Nach der Normtabelle für submaximale Radergometertests bei Alter zwischen 35 – 49 ergibt eine Watt-Soll-Leistung von 2,23 Watt / kg, also ergibt eine Intensität von 0,62 (Institut für Prävention und Nachsorge, 2004, S. 8). Der Proband hat eine durchschnittliche Ausdauerfähigkeit erreicht.

## 1.3  Gesundheits- und Leistungsstatus der Person

Die getestete Person befindet sich in einem guten Leistungszustand, da der Proband zehn Jahre lang sehr intensiv Fussball in einem Verein gespielt hat. Es liegen keine Auffälligkeiten vor, die zu Einschränkungen führen könnten auch eine Medikamenteneinnahme ist nicht vorhanden. Die Leistungsfähigkeit im Ausdauerbereich des Probanden ist als durchschnittlich zu betrachten. Das Training ist gesundheitlich unbedenklich und der Proband ist belastbar. Das Trainingsniveau kann kontinuierlich gesteigert werden, um den Leistungszustand zu verbessern, da der Proband jetzt Hobbymäßig einmal die Woche Fussball spielt und gelegentlich auch joggt.

# 2  Zielsetzung/Prognose

In der Anamnese wurden Ziele vom Probanden im Einzelnen durchgesprochen. Denn ohne Ziele verliert der Trainingsverlauf sehr stark an Struktur. Somit ist es für den Probanden von großer Bedeutung, dass er diese klar und realistisch formuliert und ihnen auch nachgeht. Im Vordergrund des Probanden stehen den Ruhepuls zu senken, seine Ausdauer zu verbessern sowie Reduzierung des Körperfettanteils. Auf der Grundbasis der Ziele des Kunden und zuvor ermittelten Daten wurden in der folgenden Tabelle drei Ziele festgelegt.

Tab. 6. Biometrische und sportmotorische Parameter

| Inhalt | Ausmaß | Zeit |
|---|---|---|
| 1. Ruhepuls senken | um 5 Schläge/Minute senken | 10 Wochen |
| 2. Ausdauerleistung verbessern | Von 2,23 auf 2,88 zu steigern | 14 Wochen |
| 3. Körperfett reduzieren | um 5 kg | 6 Monate |

## 2.1  Begründung

Folgende Ziele orientieren sich an den Trainingsmotiven der Person, berücksichtigen ihre gesundheitlichen Voraussetzungen und wurden mit ihr zusammen erstellt. Die wichtigsten Intensionen einer Person ist eine Minderung von gesundheitlichen Risiken.

7

Durch ein regelmäßiges Ausdauertraining kann es erreicht werden. Das Hauptziel ist dementsprechend ein Ausdauertraining mindestens dreimal die Woche über einen Zeitraum von 6 Monaten aufrechtzuerhalten.

### 2.1.1 Ruhepuls senken

Eines der wichtigen Ziele des Probanden ist den Ruhepuls zu senken. Die Höhe des Ruhepulses gibt einen Rückschluss über die Ausdauerleistungsfähigkeit einer Person wieder. Ein niedriger Ruhepuls entlastet das Herz vor allem unter Belastung aber auch im Alltag (Eifler & Kettenis, 2016, S. 13). Nach Eifler (2016, S. 43) ist es möglich den Ruhepuls um ca. ½ S/min pro Woche zu senken. Daraus resultiert sich das der Proband in den nächsten zehn Wochen sein Ruhepuls von 64 S/min auf mindestens 60 S/min reduzieren kann.

### 2.1.2 Ausdauerleistung verbessern

Das zweite Ziel des Probanden ist die Ausdauerleistung zu verbessern. Da der Proband im submaximalen Fahrradergometertest eine Wattleistung von 2,23 Watt/kg erreicht hat, wird es als guter Durchschnitt bewertet. Das Trainingsziel des Probanden ist es in 14 Wochen bei einem Re-Test des Hollmann-Venrath-Tests um 0,65 Watt/kg zu steigern, also auf 2,88 Watt/kg zu kommen.

### 2.1.3 Körperfettanteil senken

Ein weiteres wichtiges Motiv des Probanden ist eine Reduzierung des Körperfettgehalts, welcher beim ihm 19 % beträgt, liegt es im normalen und gesundheitlich unbedenklichen Bereich. Dieser Wert ist laut Körperfettnormwerte, für Männer im normalen Bereich, welcher 10-19,9% beträgt (Luppa, 2016, S. 32). Da sich der Proband jedoch am Bauch zu dick fühlt, möchte er seinen Körperfettgehalt reduzieren. Nach Eifler (2016, S. 44) kann man 2 kg Körperfett in einem Monat verlieren, also bis zu 500 g Fett kann man pro Woche realistisch verlieren. Da der Körperfettanteil des Probanden nicht so erhöht ist, kann eine Verminderung der Körperfettreduktionrate stattfinden. Mithilfe von sportlicher Aktivität kann eine Körperfettreduzierung um 250g Fett pro Woche durchaus realistisch sein. Ein Ziel wird mit dem Probanden vereinbart nämlich den Körperfettanteil wird um 5 kg in sechs Monaten gesenkt.

# 3 Trainingsplanung Mesozyklus

Nach Neumann (2007, S. 190) erstreckt sich im Ausdauersport ein Mesozyklus über einen Zeitraum von drei bis vier Wochen. Der Mesozyklus wird noch in Mikrozyklen unterteil, dieser umfasst eine Woche. Im Ausdauersport werden drei Kerntrainingsbereiche unterschieden nämlich Regenerations- und Kompensationsbereich (REKOM), den Grundlagenausdauerbereich 1 (GA1) und den Grundlagenausdauerbereich 2 (GA2) (Neumann, Pfützner, & Berbalk, 2007, S. 140).

## 3.1 Grobplanung Mesozyklus

Tab. 7. Grobplanung eines Mesozyklus für einen Beginner

| Mesozyklus | |
|---|---|
| Dauer | 6 Wochen |
| Trainingsziel | - Stabilisierung der GA 1 |
| | - Verbesserung der GA 2 |
| Belastungsumfang/Woche | 2 Stunden |
| Trainingsmethode | - extensive DM |
| | - intensive DM |
| Pulsober- / Pulsuntergrenze | 185 S/min / 116,55 S/min |
| Trainingsintensität | 60 – 65 % HFmax |
| Trainingshäufigkeit/Woche | 3-mal |
| Dauer pro Trainingseinheit | 40 min |
| Trainingsgeräte | Fahrrad, Laufband |

## 3.2 Detailplanung Mesozyklus

Tab. 8. Detailplanung eines Mesozyklus für einen Beginner

| Woche 1 | Mo | Mi | Fr |
|---|---|---|---|
| Trainingsziel | Stabilisierung GA 1 | Stabilisierung GA 1 | Stabilisierung GA 1 |
| | Einführung in Intervallmethode | Einführung in Intervallmethode | Einführung in Intervallmethode |
| Trainingsmethode | Extensive DM | Extensive DM | Extensive DM |
| Trainingsintensität | 60 – 75 % HFmax | 60 – 75 % HFmax | 60 – 75 % HFmax |
| Thf (Pulsobergrenze Pulsuntergrenze) | 124 S/min 96 S/min | 124 S/min 96 S/min | 124 S/min 96 S/min |
| Trainingsdauer | 40 min | 40 min | 40 min |
| Trainingsgerät | Fahrrad | Fahrrad | Fahrrad |

| Woche 2 | Mo | Mi | Fr |
|---|---|---|---|
| Trainingsziel | Stabilisierung GA 1 Einführung in Intervallmethode | Stabilisierung GA 1 Einführung in Intervallmethode | Stabilisierung GA 1 Einführung in Intervallmethode |
| Trainingsmethode | Extensive DM | Extensive DM | Extensive DM |
| Trainingsintensität | 60 – 75 % HFmax | 60 – 75 % HFmax | 60 – 75 % HFmax |
| Thf (Pulsobergrenze Pulsuntergrenze) | 124 S/min 96 S/min | 124 S/min 96 S/min | 124 S/min 96 S/min |
| Trainingsdauer | 50 min | 50 min | 50 min |
| Trainingsgerät | Fahrrad | Fahrrad | Fahrrad |
| **Woche 3** | **Mo** | **Mi** | **Fr** |
| Trainingsziel | Stabilisierung GA 1 Ausbau der Intervallmethode | Stabilisierung GA Ausbau der Intervallmethode | Stabilisierung GA Ausbau der Intervallmethode |
| Trainingsmethode | Intensive DM | Intensive DM | Intensive DM |
| Trainingsintensität | 80 – 85 % HFmax | 80 – 85 % HFmax | 80 – 85 % HFmax |
| Thf (Pulsobergrenze Pulsuntergrenze) | 140 S/min 132 S/min | 140 S/min 132 S/min | 140 S/min 132 S/min |
| Trainingsdauer | 40 min | 40 min | 40 min |
| Trainingsgerät | Fahrrad | Fahrrad | Fahrrad |
| **Woche 4** | **Mo** | **Mi** | **Fr** |
| Trainingsziel | Entwicklung der Grundausdauer GA2 Einweisung Laufband | Entwicklung der Grundausdauer GA2 Einweisung Laufband | Entwicklung der Grundausdauer GA2 Einweisung Laufband |
| Trainingsmethode | Extensive IM | Extensive IM | Extensive IM |
| Trainingsintensität | 80 – 90 % HFmax | 80 – 90 % HFmax | 80 – 90 % HFmax |
| Thf (Pulsobergrenze Pulsuntergrenze) | 167 S/min 148 S/min | 167 S/min 148 S/min | 167 S/min 148 S/min |
| Trainingsdauer | 35 min | 35 min | 35 min |
| Trainingsgerät | Laufband | Laufband | Laufband |
| **Woche 5** | **Mo** | **Mi** | **Fr** |
| Trainingsziel | Entwicklung der Grundausdauer GA2 | Entwicklung der Grundausdauer GA2 | Entwicklung der Grundausdauer GA2 |
| Trainingsmethode | Extensive IM | Extensive IM | Extensive IM |
| Trainingsintensität | 80 – 90 % HFmax | 80 – 90 % HFmax | 80 – 90 % HFmax |
| Thf (Pulsobergrenze Pulsuntergrenze) | 167 S/min 148 S/min | 167 S/min 148 S/min | 167 S/min 148 S/min |
| Trainingsdauer | 40 min | 40 min | 40 min |

| Trainingsgerät | Laufband | Laufband | Laufband |
|---|---|---|---|
| **Woche 6** | **Mo** | **Mi** | **Fr** |
| Trainingsziel | REKOM | REKOM | REKOM |
| Trainingsmethode | Extensive DM | Extensive DM | Extensive DM |
| Trainingsintensität | 50 -60 % Hfmax | 50 -60 % Hfmax | 50 -60 % Hfmax |
| Thf (Pulsobergrenze | 99 S/min | 99 S/min | 99 S/min |
| Pulsuntergrenze) | 83 S/min | 83 S/min | 83 S/min |
| Trainingsdauer | 30 min | 30 min | 30 min |
| Trainingsgerät | Fahrrad | Fahrrad | Fahrrad |

## 3.3 Begründung zum Mesozyklus

In dem Abschnitt wird hier der Mesozyklus erörtert in Abhängigkeit von der Zielset-
zung, dem Gesundheits- und Leistungszustands des Probanden. Dabei werden auf die
folgenden Aspekte eingegangen.

### 3.3.1 Begründung zum angestrebten wöchentlichen Belastungsumfang

Bei dem Probanden beginnen wir im Mesozyklus mit drei Trainingseinheiten pro Woche. Da der Proband sich fit hält durch joggen und durch einmal in der Woche Fussball
spielen, kann man ihn nicht als Fortgeschrittener bezeichnen. Durch diese Belastung
wollen wir erreichen, dass der Proband so schnell wie möglich seine Grundausdauer GA
1 stabilisiert und sich auch in der GA 2 verbessert um bei einem Re-Test seine Wattleistung auf 2,88 Watt/kg zu bringen.

### 3.3.2 Begründung zu den ausgewählten Trainingsmethoden

Das Training erfolgt in den ersten beiden Wochen nach einer extensiven Dauermethode
bei einer Belastungsintensität von 60 – 75 % Hfmax und bleibt dabei längere Zeit un-
verändert (Hottenrott, 2006, S. 64 ff.). Die Ausdauerfähigkeit wird selten mit Hilfe einer
einzigen Methode trainiert, es werden verschiedene Belastungsmethoden kombiniert
und jede davon hat eine spezifische Belastungsrichtung (Glatzfelder & Rohner, 2005, S.
18). Die Trainingswirkung bei extensiven Dauermethode eine Verbesserung des aeroben Stoffwechsels und der Fettverbrennung ist (Glatzfelder & Rohner, 2005, S. 18),
dabei steigert der Proband nicht nur die Grundlagenausdauer, sondern ökonomisiert die
Herz-Kreislauf-Wirkung und verbessert so sein Tages- und Ruhepuls. In der dritten
Woche wird eine Intensive Dauermethode gewählt die Belastungsintensität wird auf 80
– 85 % Hfmax gesteigert (Hottenrott, 2006, S. 64 ff.), hier verbessert der Proband seiner

aeroben Ausdauerleistungsfähigkeit (Glatzfelder & Rohner, 2005, S. 18), somit kann er in der vierten Woche bei Grundlagenausdauer 2 seine Intensität noch mehr steigern und dadurch seine Ausdauer verbessern. Von der vierten bis fünften Woche wird eine extensive Intervallmethode genommen mit einer Intensität von 80 – 90 % Hfmax (Hottenrott, 2006, S. 64ff.). Die Trainingswirkungen bei der Intervallmethode ist eine Verbesserung der aerob/anaeroben Energiebereitstellung und eine Entwicklung des Herz-Kreislauf-Systems (Glatzfelder & Rohner, 2005, S. 19). Hier wird die Grundlagenausdauer 2 vorangetrieben, somit steigert der Proband seine Ausdauerleistung und kommt seinem Ziel die Wattleistung auf 2,88 W/kg zu kommen immer näher. In der letzten Woche ist eine Regeneration dran. Nach Hottenrott (2006, S. 64ff.) ist hier eine Intensität von 50 -60 % Hfmax gut.

Die Regeneration wurde genommen da die Intensität davor sehr hoch war und es fördert eine aktive Unterstützung der Regeneration und einer Erhöhung der Belastbarkeit für nachfolgen intensive Trainingseinheiten (Neumann, Pfützner, & Berbalk, 2007, S. 141).

### 3.3.3 Begründung zur Belastungsprogression

Wenn der Proband über eine längere Zeitdauer die gleiche Trainingsbelastung hervorruft, hat sich der Organismus früher oder später daran angepasst, dadurch wirken die gleichen Belastungsreize nicht mehr so stark wir davor und rufen keine weiteren Leistungssteigerungen hervor (Glatzfelder & Rohner, 2005). Der Proband muss nach gewisser Zeit seine Trainingsbelastung ändern, dass passiert hier nach zwei Wochen wo er seine Belastung erhebt. Am sinnvollsten ist zuerst eine Erhöhung der Trainingshäufigkeit, dann Erhöhung des Trainingsumfangs innerhalb der Trainingseinheit und zum Schluss eine Erhöhung der Trainingsintensität (Glatzfelder & Rohner, 2005, S. 15).

### 3.3.4 Begründung zu den angesteuerten Trainingsbereichen

Es wurde drei sechstel GA1 und zwei sechstel GA 2 und in der letzten Woche eine RE-KOM-Einheit ausgewählt wegen einer Intensitätszunahme. Um ein Trainingsbereich auszurechnen brauchen wir eine Formel. Ich nehme die Formel von ACSM. ACSM berechnet die Trainingsherzfrequenz auf der Basis einer Intensität in Abhängigkeit von der maximalen Herzfrequenz (ACSM, 1998b, S. 975). Um Trainingsherzfrequenz zu berechnen, müssen wir die maximale Herzfrequenz berechnen. Nach ACSM (1998b, S. 975) müssen wir Hfmax (Fahrrad) = 200 – Lebensalter (+- 10 – 12 S/min). Bezogen auf unseren Probanden für Grundlagenausdauer 1 nimmt er Trainingsgerät Fahrrad und sein Alter beträgt 35, das heißt also 200 – 35 = 165 S/min entspricht seine Hfmax. Jetzt kann man die Trainingsherzfrequenz des Probanden berechnen und zwar auch nach ACSM-Formel. Nach ACSM (2006, S. 341) lautet die Formel Thf = Hfmax x Intensität in %. Das heißt bei GA1 ist Intensität zwischen 60 und 75 % Hfmx. Also bei 60 % Hfmax = 165 x 0,6 = 96 S/min (Thf) und bei 75 % Hfmax = 165 x 0,75 = 96 124 S/min (Thf). Hier liegt der Trainingsbereich zwischen 96 und 124 S/min. Bei der Intensiven Dauermethode wird zwischen 80 und 85 % Hfmax gewählt (Hottenrott, 2006, S. 64 ff). Das heißt bei 80 % Hfmax = 165 x 0,8 = 132 S/min und bei 85 % Hfmax = 165 x 0,85 = 140 S/min. Hier liegt der Trainingsbereich zwischen 132 und 140 S/min.

Bei GA2 benutzt der Proband ein Laufband als Trainingsgerät, also nimmt man Formel fürs Laufen her. Nach ACSM (1998b, S. 975) ist Hfmax (Laufen) = 220 – Lebensalter (+ - 10 – 12 S/min). Also 220 – 35 = 185 S/min entspricht Hfmax des Probanden. Jetzt kann man die Trainingsherzfrequenz des Probanden berechnen. Bei GA2 extensive Intervallmethode ist die Intenstiät von 80 – 90 % Hfmax (Hottenrott, 2006, S. 64 ff.). Also bei 80 % Hfmax = 185 x 0,8 = 148 S/min (Thf) und bei 90 % Hfmax = 185 x 0,90 = 167 S/min (Thf). Hier liegt der Trainingsbereich zwischen 148 und 167 S/min.

Bei REKOM nähme ich die gleiche Formel wie für die GA1, aber dafür kleinere Intensität. Die liegt nach Hottenrott (2006, S. 64ff.) nämlich zwischen 50 und 60 % Hfmax. Der Proband nimmt noch Fahrrad, also bei 50 % Hfmax = 165 x 0,5 = 83 S/min (Thf) und bei 60 % Hfmax = 165 x 0,60 = 99 S/min. Hier liegt der Trainingsbereich zwischen 83 und 99 S/min.

### 3.3.5 Begründung der ausgewählten Ausdauergeräte bzw. Bewegungsformen

Für das Training müssen passende Ausdauergeräte ausgewählt werden um die Ziele des Probanden besser und schneller zu erreichen. Damit auch eine Abwechslung stattfindet, absolviert der Proband das Training zuerst auf dem Fahrrad und später dann auf dem Laufband. Vor allem auf dem Laufband bekommt der Proband eine Einführung, damit nichts Schlimmes passieren kann. Um sein Ziel zu erreichen, nämlich die Wattleistung von 2,88 zu schaffen, ist das Laufband ein sehr gutes Trainingsgerät, da es sich hier viel mehr Muskelgruppen beteiligt sind als auf dem Fahrrad (BSA-Akademie, 2002, S. 115). Der Proband soll nicht gleich an einer Überanstrengung leiden. Er soll sich zuerst an die Fahrradbelastung gewöhnen mit immer steigenden Intensität, danach kann man ihn aufs Laufband lassen. Vorteil vom Fahrrad ist, dass es viel einfacher und bekannte Bewegungsabläufe gibt, auch geringe koordinative Anforderung und geringe Belastung des Bewegungssystems ist gegeben, dafür aber wenig Muskelbeteiligung und niedriger Kalorienverbrauch (BSA-Akademie, 2002, S. 115). Vorteil beim Laufband dagegen ist es ein Ganzkörpertraining, geringer Blutdruckbelastung und eine Beteiligung zahlreicher Muskelgruppen, dagegen aber nur ein mäßiger Kalorienverbrauch und eventuell Gleichgewichtsprobleme bei Anfängern (BSA-Akademie, 2002, S. 114).

# 4 Literaturrecherche

Der Verfasser hat sich mit den Effekten des Ausdauertrainings bei arterieller Hypertonie befasst und sie in zwei Tabellen dargestellt.

Die erste Studie befasste sich mit dem Thema Auswirkung von aerobem Training der oberen Extremitäten auf Herz und Gefäße bei Bluhochdruckpatienten (Westhoff, et al., 2008).

Die zweite Studie befasste sich mit dem Thema Effekte eines 12-wöchigen Ausdauertrainings auf die körperliche Leistungsfähigkeit und den psychischen Zustand von Patienten mit isolierter systolischer Hypertonie (Meißner, 2011).

Tab. 9. Wiedergabe der ersten Studie zum Thema Auswirkungen von aerobem Training der oberen Extremitäten auf Herz und Gefäße bei Bluthochdruckpatienten

|  | 1. Studie |
| --- | --- |
| **Autor** | - Timm H. Westhoff, Sven Schmidt, Viola Gross, Marian Joppke, Walter Zidek, Markus van der Giet, Fernando Dimeo<br>- Abteilung für Nephrologie und Abteilung für Sportmedizin |
| **Erscheinungsjahr** | 2008 |
| **Versuchspersonen** | - 24 Probanden (13 weiblich, 11 männlich) mit einem systolischen Bluthochdruck von mindestens 140 mmHg<br>- Ausschlusskriterien waren kontinuierliche sportliche Bewegungen von mehr als 60 Minuten pro Woche in den letzten 12 Wochen vor Studienanfang, Herzmuskelerkrankungen, kognitives Herzversagen, systolischer Bluthochdruck mit Messwerten von > 180 mmHg, Änderungen in der Medikamenteneinnahme gegen Bluthochdruck sechs Wochen vor oder während der Studienaufnahme |
| **Versuchsaufbau** | - ein 12-wöchiges Trainingsprogramm<br>- vor Beginn des Trainingsprogramms wurde die Herzfunktion im Ruhezustand und unter Anstrengung untersucht<br>- Aufteilung in 2 Gruppen in Trainingsgruppe 7 weiblich und 5 männlich und in Kontrollgruppe 6 weiblich und 6 männlich<br>- vor und nach der Beobachtungsphase wurden Ergometertraining der unteren und oberen Extremitäten, Bluthochdruckmessung und Messung der Gefäßwandelastizität durchgeführt |

| | |
|---|---|
| | - Test wurde mit 25 Watt begonnen und alle 3 Min. um 25 Watt bis zur Erschöpfung gesteigert |
| | - Herzfrequenz und arterielle Bluthochdruck wurden bei jedem Training in den Kapillargefäßen am Ende jedes Trainings gemessen |
| | - am Anfang wurden nach der Untersuchung ein zweiter Belastungstest durchgeführt (Oberkörpertrainers), um Trainingsintensität und die maximale Belastung der oberen Extremitäten zu messen |
| | - Test wurde mit einem Widerstand von 12,5 Watt und Geschwindigkeit von 80 – 90 Umdrehungen pro Minute begonnen und alle 3 min um 12,5 Watt bis zur Ermüdung erhöht |
| | - alle Patienten führten die Studie bis zum Ende durch |
| **Schlussfolgerung** | - zu Beginn gab es keine Unterschiede bei beiden Gruppen Übungsprogramm bewirkte eine signifikante Senkung des systolischen (134,0 +- 20,0 bis 127,0 +- 16,4 mmHg; P=0,03) und diastolischen Blutdrucks (7,0 +- 21,6 bis 67,1 +- 8,2 mmHg; P=0,02) und eine deutliche Verbesserung der $C^2$ (3,5 +- 1,6 bis 4,8 +- 2,0 ml/mmHg x 100; P=0,004) |
| | - Körperliche Leistungsfähigkeit und Herzfrequenz während eines Belastungstest der unteren Extremitäten, blieb unverändert |
| | - Maximale Belastungsfähigkeit bei Ergometrie der oberen Extremitäten nahm maßgeblich zu |
| | - Blutdruck und vaskuläre Parameter blieben bei Kontrollgruppe unverändert |
| | - regelmäßiges aerobes Training der oberen Extremitäten führt zu einer deutlichen Senkung des systolischen und diastolischen Blutdrucks und zu einer Verbesserung der Füllung der kleinen Arterien |
| | - Armtraining ist eine sinnvolle Alternative für Menschen mit Bluthochdruck, die durch Sport ihren Bluthochdruck unter Kontrolle halten möchten |

Tab. 10: Wiedergabe der zweiten Studie zum Thema Effekte eines 12-wöchigen Ausdauertrainings auf die körperliche Leistungsfähigkeit und den psychischen Zustand von Patienten mit isolierter systolischer Hypertonie

| | 2. Studie |
|---|---|
| **Autor** | - Meißner, R |
| | - Gutachter: Dimeo C., Predel G., van der Giet, M. |
| | - Medizinischen Fakultät Charite – Universitätsmedizin Berlin |
| **Erscheinungsjahr** | 2011 |
| **Versuchspersonen** | - 51 Patienten Alter >_60 Jahre |
| | - isolierter systolischer Bluthochdruck (systolisch > 140 mmHg, diastolisch <_ 90 mmHg) |
| | - Ausschlusskriterien: Systolischer Blutdruck > 180 mmHg, regelmäßige sportliche Betätigung innerhalb der letzten 12 Wochen vor Beginn der Stu- |

| | |
|---|---|
| | die, Veränderungen der medikamentösen antihypertensiven Therapie in den letzten 6 Wochen |
| **Versuchsaufbau** | - 12-wöchiges Trainingsprogramm 3x pro Woche = 36 Trainingstage<br>- alle Patienten wurden mit einem bis zu fünf antihypertensiven Medikamenten behandelt, jeder Teilnehmer nahm durchschnittlich drei verschieden Antihypertensiva ein<br>- 2 Gruppen aufgeteilt in Kontrollgruppe: 27 Personen (11 Männer und 16 Frauen) führt kein Sport und in Trainingsgruppe: 24 Personen (13 Männer und 11 Frauen)<br>- vor Beginn der Studie erfolgte eine Eingangsuntersuchung: Laufband-Spiroergometrie, eine 24-Stunden-Langzeitblutdruckmessung und eine Echokardiografie des Herzens<br>- Teilnehmer liefen auf Laufband 3 Meilen pro Stunde, alle 3 Minuten wurde die Steigung um 2,5 Prozent erhöht bis zur vollständigen Erschöpfung<br>- nach wurde Blutdruck, Herzfrequenz, Laktatkonzentraiton und die subjektive Befindlichkeit nach Borg-Skala bestimmt<br>- Belastungsumfang systematisch gesteigert<br>- 1 Einheit 5 x 3 min; 2 Einheit 4 x 5 min; 3 Einheit 3 x 8 min; 4 Einheit 3 x 10 min und in der 5 Einheit 2 x 15 min durchgehende Belastung von 30 – 40 Minuten statt<br>- zwischen einzelnen Belastung gab es Pause von über 3 min<br>- in der Pause gingen sie zur Hälfte ihrer Trainingsgeschwindigkeit |
| **Schlussfolgerung** | nach dem 12-wöchigen Training, hat sich die Leistungsfähigkeit bei Trainingsgruppe verbessert von $153,4 \pm 12,4$ auf $197,7 \pm 11,1$ Watt, $p<0.01$, der systolischen Blutdruck hat sich von $185,2 \pm 5,7$ auf $153,8 \pm 5,9$ mmHg, $p<0.0004$ verbessert, der Laktatwert veränderte sich von $1,6 \pm 0,2$ auf $0,9 \pm 0,04$ mmol/l, $p<0.003$, die Herzfrequenz veränderte sich von $111,4 \pm 3,7$ auf $92,9 \pm 2,8$ /min, $p<0.0003$ sowie des Borg-Werte veränderten sich positiv von $11,9 \pm 0,3$ auf $8,4 \pm 0,5$, $p<0.0001$<br>- in der Kontrollgruppe trat nur der systolischer Blutdruckwert eine signifikante Veränderung von $189,3 \pm 5,6$ auf $167,1 \pm 5,3$ mmHg auf.<br>- Zusammenhang zwischen den erhöhten Blutdruckwerten während des Belastungstests und der Anzahl der Blutdruckspitzen im Training konnte bei einem Teilnehmer hergestellt werden<br>- Durchführung der Studie gibt Anlass zu weiteren Untersuchungen des positiven Effektes körperlicher Aktivität bei Patienten mit einer isolierten systolischen Hypertonie |

# 5 Literaturverzeichnis

ACSM. (1998b). *The recommanded quantity and quality for exercise for developing and maintraining cariorespiratory and muscle fitness and flexibility in healthy adults.* Philadelphia: Lippincott Williams & Wilkins.

ACSM. (2006). *Resource Manual for Guidelines for Exercise Testing and Prescripition.* Philadelphia: Lippincott Williams & Wilkins.

BSA-Akademie. (2002). *Lehrbrief Indoor-Cycling.* . Mandelbachtal.

Croci, S. (Oktober 2016). *Blutdruckwerte.* Abgerufen am 20. Dezember 2016 von https://www.blutdruckdaten.de/lexikon/blutdruckwerte.html

Eifler, C. (2016). *Studienbrief Trainingslehre I - Gesundheitsorientiertes Krafttraining.* Saarbrücken: Deutsche Hochschule für Prävention und Gesundheitsmanagement.

Eifler, C., & Kettenis, L. (2016). *Studienbrief Traininslehre II - Gesundheitsorientiertes Ausdauertraining.* Saarbrücken: Deutsche Hochschule für Prävention und Gesundheitsmanagement.

Glatzfelder, T., & Rohner, R. (2005). *Trainingslehre Ausdauer.* Abgerufen am 24. Dezember 2016 von http://www.efsport.ch/skripts/pdf-dateien/ausdauer.pdf

Hottenrott, K. (2006). *Trainingskontrolle mit Herzfrequenz-Messgeräten.* Aachen: Meyer & Meyer.

Institut für Prävention und Nachsorge. (2004). *IPN-Test® - Ausdauertest für den Fitness- und Gesundheitssport.* Köln: Institut für Prävention und Nachsorge.

Luppa, D. (2016). *Studienbrief Ernährung I.* Saarbrücken: Deutsche Hochschule für Prävention und Gesundheitsmanagement.

Meißner, R. (9. September 2011). *Effekte eines 12-wöchigen Ausdauertrainings auf die körperliche Leistungsfähigkeit und den psychischen Zustand von Patienten mit isolierter systolischer Hypertonie.* Abgerufen am 20. Dezember 2016 von http://www.diss.fu-berlin.de/diss/servlets/MCRFileNodeServlet/FUDISS_derivate_000000009658/Dissertation.pdf

Neumann, G., Pfützner, A., & Berbalk, A. (2007). *Optimiertes Ausdauertraining.* Aachen: Meyer & Meyer.

Rost, R. (2002). *Lehrbuch der Sportmedizin.* Köln: Deutscher Ärzte-Verlag.

Weineck, J. (2003). *Ausdauertraining. Trainingssteuerung über die Herzfrequenz- und Milchsäurebestimmung.* Balingen: Spitta.

Westhoff, T., Schmidt, S., Gross, V., Joppke, M., Zidek, W., van der Giet, M., & Dimeo, F. (2008). *Auswirkungen von aerobem Training der oberen Extremitäten auf Herz und Gefäße bei Bluthochdruckpatienten.* (J. o. Hypertension, Hrsg.) Abgerufen am 20. Dezember 2016 von http://www.motomed.com/fileadmin/user_upload/Studien/bluthochdruck_de_vt _westhoff_motomed_1.pdf

# 6 Abbildungs- und Tabellenverzeichnis

## 6.1 Abbildungsverzeichnis

## 6.2 Tabellenverzeichnis